Yf 7000

L'AMOUR IMPROMTU,

PARODIE

DE L'ACTE D'EGLÉ

DANS LES TALENS LYRIQUES.
(par Mr. Favart.)

Représentée sur le Théâtre de l'Opera-Comique, le 10. Juillet 1756.

―――――――――――――
Prix 24 sols avec la Musique.
―――――――――――――

A PARIS,

Chez DUCHESNE, Libraire, rue S. Jacques, au-dessous de la Fontaine S. Benoît, au Temple du Goût.

―――――――――――――

M. D C C L V I.
Avec Approbation & Privilége du Roi.

ACTEURS.

TONTON, jeune Bergere,   Mlle Prudhomme.

SANSONNET, Amant de Tonton,   M. Laruette.

NICOLAS, Paisan, Amoureux de
  Tonton,   M. Delisle.

COLIN, Berger, jouant du flageolet, personnage muet.

UNE BERGERE,   Mlle Baptiste.

UNE DANSEUSE, Maîtresse de Tonton,
                                             Mlle le Clerc.

TROUPE DE BERGERS, Amants de Tonton.

TROUPE DE BERGERES.

La Scene se passe dans un hameau.

L'AMOUR IMPROMPTU,
PARODIE
DE L'ACTE D'ÉGLÉ
Dans les Talens lyriques.

SCENE PREMIERE.
SANSONNET, *seul.*

AIR. *La bonne aventure, ô gué.*

H que de plaisirs j'aurai !
Je me les figure :
En ces lieux je charmerai
Quelque Créature.
Sansonnet dans un hameau
Vient chercher incognito
La bonne aventure, ô gué,
La bonne aventure.

L'AMOUR IMPROMPTU,

Air. *La Besogne.*

Qui croiroit voir sous ces habits
Un Maître à Chanter de Paris?
Motus, je vois quelqu'un paroître;
Ne nous faisons pas reconnoître.

SCENE II.
NICOLAS, SANSONNET.
NICOLAS.

Air. *Je vous la gringole.*

AMans qui voulez dénicher,
Le cœur de votre Belle;
Il faut la fuir & lui cacher
L'ardeur qu'on a pour elle.
Elle viendra vous chercher.
La maxime est nouvelle.

SANSONNET.

Air. *Fanfare de Bourgogne.*

Quelle Fête se prépare
En ce beau jour parmi vous?

NICOLAS.

C'est que Tonton se déclare
Et prend enfin un époux.

PARODIE.

Par une étrange imprudence,
Dont je suis tout stupefait,
On fait la nôce d'avance,
Son choix n'est pas encor fait.

AIR. *Comment donc ce p'tit libertin, des Amours champêtres.*

En secret j'en sommes épris,
Et j'ons de quoi ly plaire :
Dans ma taille je sis bien pris,
Et ça fait que j'espere ;
Com' des Chevreaux,
Mes rivaux,
Autour d'elle
Dansont,
Bondissont,
Pour charmer la Belle ;
Mais j'obtiendrai du retour,
Si Tonton, en ce jour
Veut se rendre aux talens de l'amour.

SANSONNET.

AIR. *Avec vous je veux m'unir.*

Etranger dans ce canton,
J'ignore quelle est Tonton.

NICOLAS.

Daignais donc m'entendre,
J'allons vous l'apprendre.

L'AMOUR IMPROMPTU.

Air. *Tant amoureusement.*

C'est une jeune Bergere
A qui je voulons tous plaire,
Et qui danse incessamment,
Et tant amoureuse,
Et qui saute incessamment,
Tant amoureusement.

Air. *Il étoit un Moine blanc.*

Une Danseuse de nom
A pris soin de ce Tendron,
Et du bel art de la danse
Ly montre la manigance.

Air. *Ziste, zeste, voilà comme il faut.*

Depuis, cette jeune éleve,
Ne fait que cabrioler :
Quand je vois qu'elle s'enleve,
Je crois qu'elle va voler.
Et ziste, zeste, leste, leste, preste,
Toujours le pied haut.
Tatigué qu'elle est légere,
Toujours prête à faire, lanlere,
Toujours prête à faire le saut !

Air. *Le bon branle.*

Pour moi je grille dans ma peau,
Drès que son jarrêt branle ;
Drès l'aurore autour de l'ormiau
Elle fait danser le hamiau.

PARODIE.

Tout chacun eſt en branle,
Toujours au ſon du chalumiau
Tonton mene le branle.

AIR. *Vantez-vous en.*

Sa Maîtreſſe qui n'eſt pas chiche,
Ly baille une dot aſſez riche,
Pour qu'elle prenne parmi nous
    Un jeune époux,
    Un bon époux.

SANSONNET.

Son choix va ſe fixer ſur vous.

NICOLAS.

Oui. Je n' la lairons pas en friche.

SANSONNET.

Elle vous aime ?

NICOLAS.

              Apparemment :
Vantez-vous en.

AIR. *Tambour battant.*

Il eſt bien vrai que de ſon feu
Elle me fait encor myſtére ;
Mais palſanguene v'là le jeu.
Car lorſqu'on aime, il faut ſe taire.
Pour moi j' l'aimons d'un amour qu'eſt ſi diſcret,
    Quelle ignore itou mon ſecret.

A iv

L'AMOUR IMPROMPTU,

SANSONNET.

Air. *La jeune Isabelle.*

Ah! tu me fais rire.
Pourquoi le dis-tu?

NICOLAS.

Je ne le viens dire,
Qu'au premier venu.

SANSONNET.

Ta rare prudence,
Tes sages amours
Auront récompense :
Attends la toujours.

NICOLAS.

Air. *Le fameux Diogene.*

Il faut que je m'en aille,
Car je crois qu'il me raille :
Tout le monde a ce tic.

SANSONNET.

Ah! que rien ne te choque,
Si de toi je me mocque,
C'est d'après le public.

NICOLAS.

Air. *Il faut l'envoyer à l'école.*

Tonton vient danser en ces lieux,

PARODIE.

Cachons-ly toujours que je l'aime;
 Je dois même
Eviter de voir ses beaux yeux.
De nous j'allons la rendre folle ;
Car sans ly dire un mot, je sors.

SANSONNET.

Le sot corps,
Il faut l'envoyer à l'école.

SCENE III.

TONTON, SANSONNET, COLIN, *jouant du flageolet.*

TONTON *entre en dansant au son du flageolet, pendant que* SANSONNET *chante les airs suivans.*

SANSONNET.

AIR. *Au bord d'une Fontaine.*

O Dieux ! Dieux ! qu'elle est belle !
L'Amour la conduit,
Elle enchante & séduit ;
Mon cœur saute comme elle ;
Mon ame s'enivre & la suit.
Quand d'une aîle légere,
Un vent badin aux champs ravit des fleurs;

L'AMOUR IMPROMTU.

Telle est cette Bergere,
En voltigeant, elle enleve nos cœurs.

AIR. *Ah! qu'elle est belle.*

Quitte la plaine,
Dieu des Zéphirs,
Joins ton haleine
A mes soupirs,
Vole & badine,
Entre ses pas;
Sa jambe fine
Pour mon cœur forme des lacs.

Quitte la plaine,
Dieu des Zéphirs,
Joins ton haleine
A mes soupirs.

Dieux! elle ouvre
Vers moi ses bras!
Je découvre....
Que d'appas!
Ah! soufle encore,
Dieu des Zéphirs,
Mon œil dévore....
Sers mes desirs.

A COLIN.

AIR. *Suivons, suivons l'Amour.*

Crois-tu qu'un Chalumeau puisse fixer son choix;
Non, non, non c'est le son de ma voix.

PARODIE.

AIR. *Et je l'ai pris pour mon Valet.*

Tu veux donc mon pauvre nigaud,
Avoir la préference ?
Tu n'as pas le talent qu'il faut
Pour bien guider sa danse.
Tu prétends être son Amant,
A cause de ton instrument;
Tu n'es bon que pour son Valet,
A cause de ton flageolet.

TONTON *danse la reprise du Rondeau ci-dessus, & se rend à* SANSONNET.

SANSONNET.

AIR. *Le seul Flageolet de Colin.*

Mais il brise son Flageolet,
Il gémit, il soupire.
Ah ! si de ce petit Gingeolet
Tonton ne fait que rire,
Moi, qui chante en Rossignolet,
Je sçaurai bien la réduire.

AIR. *Amis, sans regretter Paris.*

Sans sujet le benêt s'en va,
  Quelle figure plate !
Je crois qu'on a fait venir-là,
  Le Fluteur Automate.

TONTON.

AIR. *Oh, oh ! Ah, ah !*

Mon cœur est tout émû,

Ce Garçon me plaît fort,
A peine l'ai-je vû,
Hélas! c'est pis qu'un sort,
Oh, oh! Ah, ah!
Eh, comment donc, pourquoi cela?

SANSONNET.

Air. *Un Inconnu.*

Un Inconnu qui par hazard vous aime,
Apprend de vous qu'il peut être amoureux;
Sa flamme extrême,
Naît de vos yeux,
En vous voyant pourra-t-il être heureux?
De vous hélas! l'apprendra-t-il de même?

Air. *Point de bruit, bouche close.*

Répondez....

TONTON.

Je respire....

à part.

Que lui dire?

SANSONNET.

Je soupire.

TONTON.

Attendez.
Je respire....

à part.

Que lui dire?

PARODIE.

SANSONNET.

Repondez.

TONTON.

Je me sens
Essoufflée ;
Ses accens
M'ont troublée.
Avouerai-je que mon choix......

SANSONNET.

Achevez....

TONTON.

Je perds la voix.
Quand l'Amant
Sçait nous plaire,
Pourquoi faire
La févére ?
Sottement
On différe ;
Le myftere
Se dément.

AIR. *Ne v'la-t-il pas que j'aime ?*

Vos feux feront récompenfés.

SANSONNET.

Mon bonheur est extrême,

TONTON.

Cher Inconnu, vous paroissez ;
Ne v'la-t'il pas que j'aime ?

SANSONNET.

AIR. *Par ma foi, l'eau me vient à la bouche.*

Quoi ! déja flatter mon espérance ?
Tonton ne sçait pas faire languir.

TONTON.

Ah, j'ignore par quelle puissance....
Mais mon cœur ne peut se retenir.

SANSONNET.

C'est un air qui se gagne en France !
Ici ma présence
Produit cela.
Oui, c'est un effet de l'influence
Que j'apporte du grand Opera.

TONTON.

AIR. *Du Prévôt des Marchands.*

Vous m'aimez ?

SANSONNET.

Très-fort.

TONTON.

Sans façon,
Je vous aime aussi tout de bon.

PARODIE.

Je m'épargne la resistance,
Et je me rends sans biaiser.

SANSONNET.

Les chastes Nymphes de la danse
Ont coutume ainsi d'en user.

AIR. *Chapeau bordé, habit de Pinchina.*

Suivant l'usage, finissons donc,
Belle Tonton,
Par un Duo
Vif & nouveau.
On attend cela.
C'est en ce ton-là, là, là, là, la :
Ajustons nos voix,
Une, deux, trois.

TONTON & SANSONNET.

AIR. *Nous nous marierons Dimanche.*

Vous & moi d'abord
Nous sommes d'accord.

Tonton. { Je suis d'humeur vive & franche,
Sansonnet. { J'aime une humeur vive & franche.

TONTON.

Vous m'avez plû,
Tout est conclu,
Je tranche.
Pour vous mon cœur.
Avec ardeur s'épanche,

L'AMOUR IMPROMPTU,

TONTON. ⎧ Mon cher Sanſonnet,
⎨ Vous êtes mon fait :
SANSONNET. ⎩ Parbleu, Sanſonnet,
⎩ Eſt bien votre fait.

ENSEMBLE.

Nous nous marierons Dimanche.

TONTON.

AIR. *Des Triolets.*

Je n'aimerai jamais que vous.

SANSONNET.

C'eſt ainſi qu'Amour veut qu'on aime.

TONTON.

Et quand je ferai les yeux doux
A quelqu'autre, mon cher époux,
Je n'aimerai jamais que vous;
Tonton ſera toujours la même.

SANSONNET.

Moi, je ne ſerai point jaloux.

TONTON.

C'eſt ainſi qu'Amour veut qu'on aime.

SCENE

SCENE IV.

TONTON, SANSONNET, NICOLAS,

AUTRES AMANS DE TONTON.

ENTRÉE DES AMANS DE TONTON.

L'Orquestre joue l'Air : Eh, zing, zing, zing, Madame la mariée.

UNE BERGERE *chante sur le même air.*

L'AMOUR qui regne dans nos bois,
Hymen, t'implore par nos voix,
Hymen charmant,
Confonds l'Epoux avec l'Amant;
Et qu'on ignore qui des deux
Peut nous faire un sort plus heureux.

La Symphonie repete le refrein.

TONTON.

AIR. *M. l'Abbé où allez-vous?*

Pour l'amour nos hameaux sont faits,
Et les Amants y sont parfaits;
Ce n'est point pour la gloire.....

SANSONNET.

Hé bien ?

B

TONTON.

Qu'ils tentent la victoire :
Vous m'entendez bien.

Les Amants de Tonton dansent autour d'elle, elle danse à son tour au milieu d'eux, & jette son mouchoir à Sansonnet ; les autres se retirent furieux.

SANSONNET.

AIR. *A la façon de Barbari.*

Un Sultan jette le mouchoir
A l'objet qu'il préfere ;
Sur ce modele on nous fait voir
Une jeune Bergere.

NICOLAS.

Elle choisit un inconnu,
Un premier venu ;
Qui l'auroit prévû ?

LA BERGERE.

Oui, Tonton fait un choix ici
Beribi,
A la façon de Barbari
Mon ami.

NICOLAS, *à Sansonnet.*

AIR. *Toujours va qui danse.*

Je devrois bien d'un coup de poing

PARODIE.

Rabattre fa fuffifance ;
Mais morgué ne nous fâchons point,
Queuqu' jour j'aurons vengeance.
Avec c'te p'tit' perfonne là,
Qu'il aura bonne chance !
Pour nous elle a la, la, la, la,
Trop l'air à la danfe.

SANSONNET.

AIR. *Simonne, ma Simonne.*

Ceffez, faquin, de m'infulter,
    Je dois éclater :
Ma conquête doit la flatter,
    Et fous cette figure
Eft Sanfonnet, maître à chanter ;
Pour mieux dire, Mercure ?

AIR. *Une nuit ronflant à merveille.*

Pourquoi citer ici Mercure ?

SANSONNET.

Je l'ai nommé par aventure.

TONTON.

Parlons à propos de cela :
Mercure eft Dieu de l'éloquence,
Et non du chant qu'on lui difpenfe
Si largement à l'Opera.
Mercure a bien affaire là !

L'AMOUR IMPROMPTU,

SANSONNET.

C'est le lieu de sa résidence,
Il domine le chant, la danse :
Allez, Mercure en cet endroit
Est plus à propos qu'on ne croit.

TONTON.

AIR. *L'Amour comme Neptune.*

Venez Bergers, Bergeres,
Lieux communs d'Opera ;
Soyez constans, sinceres
Autant qu'il vous plaira :
 Inventez une Fête
Pour faire honneur à mon choix ;
 Célébrez dans ces bois
 Les amoureuses loix,
Les plaisirs qu'Amour m'apprête,
 Ce que vos voix
 On dit cent fois.

Danse de Bergers & de Bergeres.

CHŒUR.

AIR. *J'ai du bon tabac dans ma tabatiere.*

D'un Maître à chanter Tonton est l'épouse,
Chantons son bonheur.
Pour elle quel honneur !

PARODIE.

SANSONNET.

Mes amis chantez tous en chœur,
Que Tonton a gagné mon cœur.

CHŒUR.

Ses Rivaux n'ont point une humeur jalouse.
Chantons tous en chœur,
Que Tonton a son cœur.

SCENE V.

LES PRÉCÉDENS, UNE DANSEUSE.

TONTON.

Air. *Un saut, deux Sauts.*

J'APPERÇOIS une fringante maîtresse
Qui m'a rendu le jarret dispos ;
A mon hymen elle s'intéresse :
Faites-lui compliment en deux mots.
Elle vient fort à propos,
Pour faire avec nous un saut,
Deux sauts, trois sauts.

SANSONNET, *à la Danseuse.*

Air. *Ah ! Philis, je vous vois, je vous aime.*

Faites, Madame,
Que ma jeune femme,
Sous votre auspice entre au grand Opera.
Qu'elle commence
D'abord par la danse,

A bien chanter, mon soin lui montrera;
  Son chant, sa danse & cætera,
  Triple produit rapportera.
  Faites, madame,
  Que ma jeune femme,
Sous votre auspice entre au grand Opera.
  AIR. *Sur le pont d'Avignon.*

Vous verrez les Seigneurs les plus polis de France
Partager mes transports & ma reconnoissance.

La Danseuse fait un signe de consentement, & prend Tonton pour danser.

SANSONNET.

AIR: *Contre l'Amour jeunes Beautés.*

  Chantez,
  Sautez,
  Jeunes Beautés,
  Qui souhaitez
Faire votre fortune.
Tonton en va faire une :
De vos talens, jeunes Beautés,
Prudemment profitez.
  Oui, tous les jours
  Vous changerez d'atours,
  Par le secours
  Des talens de coulisse :
Ne craignez rien, c'est un effet de l'art;
  Si par hazard,
  Tôt ou tard,
  Le pied glisse,

On danse.

PARODIE.

UNE BERGERE.

AIR. *Tambourin de l'Opera.*

Prenez au village une Maîtreſſe,
 On voit des attraits
 Tels qu'ils ſont faits ;
Cupidon inſpire la tendreſſe,
 A l'aſpect galant
 D'un petit jupon blanc.

Le panier n'y fait point d'étalage,
Les cœurs n'y parlent que leur langage :
  Sans myſtére,
  La Bergere
Plaît, ſans chercher l'art de plaîre.
Prenez au village, &c.

  On met à part
  Sans nul égard,
  Mouches & fard,
  Monſtres de l'Art.
De l'eau dans ſa fraîcheur,
 Chaque matin
 Epanouit la fleur
 D'un jeune tein.
Quelquefois le corſet
Sent la violette ou l'œillet ;
Mais jamais l'ambre ni le muſc
Ne parfumerent le buſc.
Prenez au village, &c.

  Si l'on fait
  Des ſoupirs,
  C'eſt l'effet

Des plaisirs.
L'amour naïf,
Enfant craintif,
D'un rien s'enfuit :
Le bruit
Lui nuit :

Il s'envole en ce séjour
Loin de la Cour ;
Il regne en paix
Dans nos bosquets ;
Points de caquets,
De fréluquets,
D'Abbés coquets,
Ici l'Amant
Va rondement.

C'est dans ce canton
Que le garçon
Donne leçon ;
Mais un tendron
Né dans Paris,
Instruit ses favoris.

Qu'ici le penchant
Soit trop puissant :
On suit le cours
De ses amours ;
Mais à la ville on le prévient toujours.
Prenez au village, &c.

Contredanse générale qui finit la Piéce.

FIN DE LA PARODIE.

# 26

Nº 1.

O Dieux! Dieux qu'elle est belle! L'A-
mour la conduit: Elle enchante & séduit, Mon
cœur saute comme elle; Mon ame s'en-
yvre & la suit. Quand d'une aile légère
Un vent badin aux champs ravit des fleurs, Telle
est cette Bergere; En voltigeant elle enleve nos cœurs.

CONTRE-DANSE.

De l'Amour Impromptu Parodie d'Aſte d'Eglé,
Chanté à l'Opera Comique.

PRenez au village une maî-treſſe, On voit des at-

traits tels qu'ils ſont faits, Cupi-don inſ-pi- re la ten-

dreſſe à l'aſpect ga-land D'un petit jupon blanc.

Le panier ne fait point d'éta- lage; Les cœurs ne par-

lent que leur langage, Sans miſtere la Ber- gere,

Plaît ſans chercher l'art de plaire, Prenés au vil-

lage une Maîtreſſe, On voit des attreits tels qu'ils ſont

faits Cupidon inspire la tendresse, A laspect ga-

lant d'un petit jupon blanc. On met a part sans nul é-

gard, Mouches & fard Monstres de l'art, De

l'eau dans sa fraicheur Chaque ma-tin épa-nouit la

fleur d'un jeune tein. Quelque fois le corset sent la vi-

olette ou l'œil-let, Mais jamais l'ambre ni le

musc Ne parfu-merent le busc, Prenez au vil-

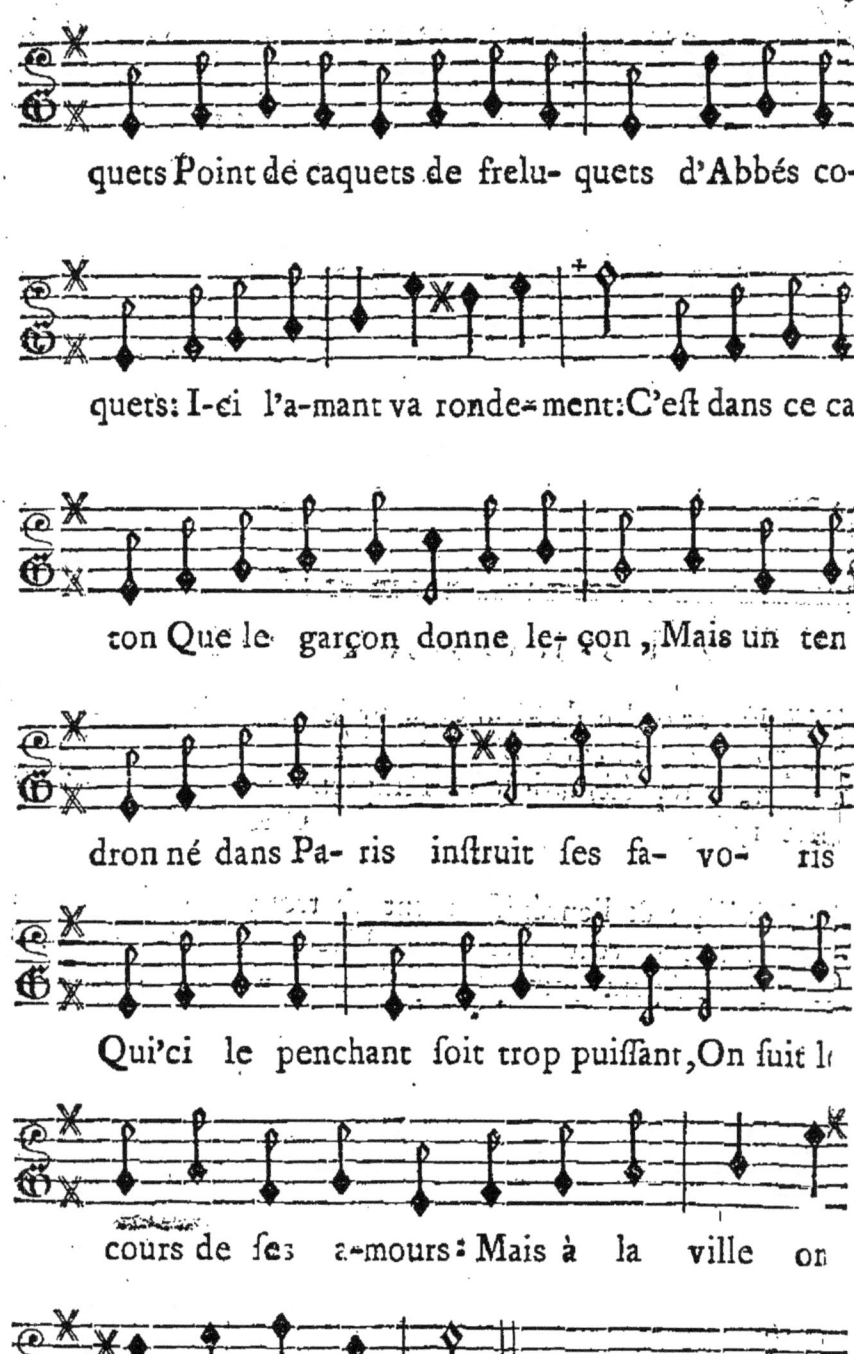

APPROBATION.

J'AI lû par ordre de Monseigneur le Chancelier, *L'Amour Impromptu, Parodie d'Eglé*, & je crois que l'on peut en permettre la représentation & l'impression. A Paris, ce 16 Juilet 1756.   CREBILLON.

Le Privilège & l'enrégistrement se trouvent à la fin du tome 3e. du Nouveau Recueil des Piéces représentées sur le Tâtre de l'Opera-Comique depuis son rétablissement &c.